YĀ MÓ

圧模

Merkintöjä sisäisen karkotuksen ajalta

kirjaksi toimittanut ja suomeksi kirjoittanut
Jarmo Saarti

Kuvitus:

Yā Mó ja Jarmo Saarti

Julkaisija:

OmrajItraas, Kuopio

Kustantaja: BoD – Books on Demand, Helsinki, Suomi
Valmistaja: BoD – Books on Demand, Norderstedt, Saksa
ISBN: 978-952-80-0432-5

Sisällys

YĀ MÓ 压模 (ca 610 – 699) elämä ja teokset 6

VIISAUS 13

Oikea ymmärrys 17

Oikea päättäväisyys 27

HYVEELLISYYS 37

Oikea puhe 42

Oikea toiminta 51

Oikea elinkeino 65

HENKINEN KEHITYS 77

Oikea ponnistus 80

Oikea tarkkaavaisuus 89

Oikea keskittyminen 98

月
亮
我

Yā Mó 压模 (noin 610 – 699) elämä ja teokset

Yā Mó（压模）syntyi itäisen Kiinan jo nyt hävinneessä Tā Bù (它不) provinssissa vuoden 610 tienoilla. Hänen kerrotaan jo nuorena kiinnostuneen Mahajana (Mahāyāna) buddhalaisuudesta, jonka kiinalaisen suunnan (Dà Tōngdào -大通道) väännös hänen käytetyin nimimuotonsa on. Koko myöhemmän ikänsä hän kävi ankaraa taistelua Buddhan opin kanssa.

Hänet luetaan myös kiinalaisen daolaisuuden suureksi oppi-isäksi joidenkin tämän opin alahaarojen jo hävinneissä kaanoneissa. Tosin kirjallisuudessa on käyty aina meidän päiviimme asti kiivasta keskustelua Yā Món uskonnollisuudesta ja opista, jota hän olisi kannattanut kaikkein eniten. Ei ole liioiteltua väittää, että hän pyrki ottamaan eri opeista itselleen sopivimman aineksen ja liittämään sen omaan ajatteluunsa.

Hänen syntymäaikaansa ja perhesuhteitaan ei tiedetä tarkasti. Erään tarinan mukaan hän oli paikallisten munkkien luostarissaan kasvattama löytölapsi. Toinen tarina kertoo hänen olleen paikallisen virkamiehen ja hänen kurtisaanirakastajattarensa lapsi, joka luovutettiin edellä mainittuun luostariin.

Lisäksi hänen syntymästään on tietysti useita myyttisiä kertomuksia, joista mielenkiintoisin on väite, että hän on taivaallisen sinisen lohikäärmeen ja erään maallisen neidon jälkeläinen. Näihin kertomuksiin kannattaa suhtautua erittäin kriittisesti, vaikka ne kertovatkin paljon hänen elinajastaan ja kiinalaisesta kulttuurista.

On kuitenkin varsin todennäköistä, että molemmat viralliset tarinat hänen syntymästään – ja useat myyttiset - ovat Yā Món itsensä kehittämiä.

Todennäköisintä on, että hän on käsityöläisten lapsi, jonka onnistui päästä opintielle, ja siten nousta kiinalaisessa hierarkiassa korkeammalle kuin hänen synnyintaustansa olisi antanut aihetta olettaa.

Yā Món nuoruusaika on hämäryyden peitossa. Jotkut lähteet kertovat hänen vaellelleen eri luostareissa ja maakunnissa nuoruutensa vuosikymmenet. Hurjimmat tarut kertovat hänen toimineen niin kutsutun Silkkitien karavaanien kamelinajajana, mutta tästä ei ole tarkkaa dokumentointia. Tosin hänen teostensa länsimaiset viitteet ja ainekset tukevat tätä tulkintaa. Se voi olla myös myöhempien aikojen toimittajien tekemää editointia.

Ei myöskään väitteestä, että hän olisi tavannut matkoillaan profeetta Muhammedin nykyisen Petran tienoilla joillakin kauppamatkoillaan, ole varmaa näyttöä. Tosin vertaileva aate- ja oppihistorian tutkimus on osoittanut molempien ajattelussa tiettyjä samankaltaisia piirteitä, joten väitteen todenperäisyyttä kannattaa selvitellä edelleen.

Itse hän esittää tarinan nuoruudestaan, jossa hän vaeltaa kamelisaattueen mukaan kaukaiseen läntiseen maahan. Maan nimeksi hän esittää *Lopun valtakunnan* ja kertoo tämän maan omituisista tavoista eräissä päiväkirjojensa säilyneissä osissa.

Varmaa on, että hän suoritti virkamiestutkinnon ja sai viran keisarillisessa kaupungissa noin vuonna 630, mutta joutui mielipiteidensä vuoksi varsin pian epäsuosioon ja karkotettiin loppuiäkseen erääseen pohjoiseen maakuntaan pikkuvirkamieheksi.

Hänen kerrotaan murtuneen karkotuksesta niin, että hänen elämästään noin kymmenen vuotta ovat kadonneet. On epäilty, että nämä vuodet kuluivat rappiolla, riisiviiniä nauttien ja huonoa elämää viettäen.

Hän tyytyi kuitenkin kohtaloonsa ja pyhitti loppuelämänsä kirjoittamiselle ja itsensä kehittämiselle.

Jälkimmäisestä on useita tarinoita, joiden mukaan kehittäminen ei välttämättä aina ollut kovin henkistä tai ainakin kohtasi suuria vastuksia vuosina, joita Yā Mó itse kutsuu taisteluksi usvaisten vuorten lohikäärmeiden kanssa.

Tämä teos sisältää kaiken Yā Món kirjallisen tuotannon, pois lukien virkamiehenä laadittuja asiakirjoja ja kauppauraan liittyviä dokumentteja.

Käsikirjoitukset löysi toisen oopiumsodan aikana Hongkongissa vaikuttanut brittiläinen virkamies John Smith paikallisesta arkistosta. Hän myi ne ennen poistumistaan Kiinasta vuonna 1908 silloin Beijingissä vierailulla olleelle C.G.E. Mannerheimille.

Tämän mukana käsikirjoitus tuli Suomeen ja säilyi perikunnan vinttikomerossa, eräässä matka-arkussa. Matka-arkku joutui sittemmin teoksen toimittajan käsiin ja siitä löytyneistä käsikirjoituksista hän on käsillä olevan teoksen suomentanut ja toimittanut.

Yā Món tyyli kirjoittaa on hänen aikakaudelleen tyypillinen sekoitus päiväkirjamerkintöjä ja eri mittaista runoutta. Fragmentaarisuutta lisää se tosiseikka, että osa käsikirjoituksen rullista ja liuskoista on aikojen myötä joko hapertunut tai kadonnut kokonaan. Lisäksi niiden kirjoitus on haalistunut ja siten osin vaikeasti tulkittavissa.

Teokseen on otettu kaikki mahdollinen jälkipolville säilynyt käsikirjoitusmateriaali, joten sen tyylillinen hajanaisuus kuvastelee alkutekstin joskus silmiinpistävääkin luonnosmaisuutta.

Tosin tässä näkyy hyvin Yā Món buddhalainen maailmankatsomus, jossa hetki tukeutuu – ja lopulta tukehtuu – jatkuvaan ja loppumattomaan, itseään sokeasti kiertävään ikuisuuteen.

VIISAUS

Matka kohti Taivaallista rantaa

Olin kulkenut jo päiviä. Jalkani väsyivät, alkoivat väristä ja päätin levätä. Kivilohkareiden välissä valui puro, siitä saattoi juoda vettä - tai ainakin kuunnella sen ääntä ja rauhoittua.

Minun kenkäni olivat tomun peittämät ja mieleni synkistivät kaikki ne ajatukset, joita matkani aloittaminen oli tuonut sinne.

Niiden unohtaminen oli ainoa tehtäväni, jonka muistin. Kaikki muu oli hävinnyt mustan pilven taakse. Minä olin alkanut kadottaa itseäni.

tämän tylsempää tapaa elää ei ole

kirjoittaa toisten sanoja muistiin
ja lukea niiden merkitykset

Polun laidalla istui sammakko. Istahdin sen viereen ja aloin keskustella. Sammakko katsoi minua pyöreillä silmillään ja avasi kurkkunsa. Sen kieli teki edestakaista liikettä, joka alkoi jostakin syvältä se nielusta.

Kiinnitin katseeni sen ihoon. Vihreä vaihtui ruskeaan hämmästyttävän juohevasti, kuin siinä ei olisi ollut rajoja, kuin nahka olisi yhtä jatkuvaa luomista, ikuista uudestisyntymistä. Kostealla siveltyä ikuisuutta.

Minä tunsin itseni väsyneeksi. Laskin pussini vierellä olleen puun juurelle, pistin pääni sille ja aloin kuunnella hiljaisuutta.

sammakon iho
puhui minulle luomisesta

en jaksanut enää kuunnella
nukahdin puun varjoon
unia näkemättä

Heräsin täyden kuun nousuun. Päätin jatkaa matkaani.

minun tulee olla tässä asennossa

kaikki päivät
ja kaikki yöt

tätä varten ei ole toista tietä

Askeleeni painoivat jo matkan rasituksista. Alkoi sataa ja vesi kertyi pisaroista lätäköiksi, jotka täyttivät polun muhkurat ääriään myöten.

Istuin   kivelle,   otin riisikupin ja se täyttyi
sateesta minun juoda janooni.

mistään ei saa asetuksia sille
että kiertää polun
jonka päässä on savinen kuoppa

Matka on loppumaton, sillä ei ole määrää.
Kaikki askeleet turhia, niin tarpeellisia.

minä otan käteeni mustan munan
ja ravistan sitä

sen ääni on kuin vihaisen käärmeen

isästä tulee lapsi
ja lapsesta isänsä poika

ne juoksevat huoneesta toiseen
syövät kaiken minkä käteensä saavat

rauhoittuvat
pukevat ylleen
ja kävelevät muina miehinä ulos

alan kuunnella musiikkia
istun tilassa
ja asettelen sen rajoja

jossain
hyvin kaukana
on raja
jonka yli ei ole hyvä mennä

mutta kun on ohittanut sen
on taas rauhassa itsensä kanssa

kaikki oli mustaa ja sekavaa
ja sitten tulivat valot
ja aika kulki nopeammin kuin tavallisesti

minä asetin itselleni tavoitteita
enkä saavuttanut niitä

se oli paha tila
ja sen sisällä oli yksin
vaikka näki muut ympärillään

istu siihen
ja ole

voimme keskustella jostakin
tai olla hiljaa

Oikea ymmärrys

Buddha on sanonut: "Elämä on kärsimystä."

Minua tuo lause jaksaa naurattaa aina. Ajattelen sitä, kun istun majani kuistilla ja katselen maahan leijuvia lumihiutaleita. Niiden tanssi on ikuinen, loputon.

Kun tuuli tarttuu hiutaleisiin, ne pyrähtävät taas lentoon. Jatkavat tanssiaan ilmassa.

talvi
on kuolemalta lainassa

peittää alleen
kumpuavan laulun

Teen tulen kamiinaan rannalta keräämistäni bambun kuivuneista oksista ja lehdistä. Savu pöllähtää ja värjää läheisen kinoksen tummaksi.

Kuin varjo, se asettuu sieluuni ja alkaa syödä
siitä sinne hetkeksi pesiytynyttä iloa.

pohjaa

meidän tulee juosta kuolemaamme kohti
niin nopeasti
että ehdimme
siitä ohi

Laitan kattilan kamiinan päälle. Kun vedessä
näkyvät ystävieni, sammakkojen silmät, kaadan
sen teelehtien päälle ja annan niiden uida vedessä
kuin pienten kalojen.

Kaadan kuumaa juomaa kuppiini ja juon sitä.
Kulauksen kerrallaan. Tunnen lämmön sisälläni.

avasin oven
ja katsoin huoneeseen

sinne jääneenä pimennyt sumu

Istun tässä, katson lumihiutaleiden leikkiä, juon
teetäni. Ilta pimenee ja kuu kurkistaa pilvien
takaa, nauraa minulle.

varmuus
ei ole samaa
kuin tieto

Herään aamulla, jäseneni ovat kylmästä kankeat. Vanha hölmö on taas nukahtanut ulos, tulensa ääreen.

ei tätä

Tuli sammuu, yö etenee ja kylmä kangistaa vanhan ruumiini. Tämä on tarina, joka toistuu, ikuisesti.

menin metsästä pois
kohti jotakin,
jota sadussa kutsuttiin tähdeksi

tai taivaaksi

uudeksi maaksi,
jota ei ole

Teen taas tulet kamiinaan. Se syttyy ja alkaa lämmittää, ensin käsiäni. Veri alkaa kiertää sisälläni. Tuntuu, kuin eläisi taas.

sillä jumalat ovat ankaria niitä kohtaan
jotka heidät hylkäävät
sekoittavat mielen

ja asettavat paikaksi asua maailman
jonka he ovat itse luoneet

Ikuinen matkani, päämäärätön.

lopulta tulin rannalle
katsoin linnut
niiden pojat

että olisi mitä muistella
kun suljen silmäni

asetin kenkäni hyllylle
tulin sisään
palellutin jalkani
ja oletin kaiken varmaksi

Päämääräni ikuinen, loputon.

hidas päivä
varikset seurasivat
lensivät leipää kerjäten

asetun nyt vaaka-asentoon
katson taivaalle
joka on sisälläni

te tulkitsette
ja samalla sanelette ääneen
itsenne mielen

helvetti kun on kiire
pitäisi laittaa kirjeet postiin
ja juosta toiseen paikkaan

ei hallitus kaadu
ministereillä on virat
ja palkka juoksee

minä menin jumalten tykö
kysyin
mitä ihmettä te meinaatte

ajatte meidät alas
ja panette kärpästen ruoaksi

yksi niistä hymyili
eikä muillakaan näyttänyt olevan ikävää

samalta vuorelta näki laaksoon
sen pohjalle

minä olen sanonut nämä rivit
ne ovat suustani tulleita

Sänkyyni on tullut loisia. Laita peiton tuleen ja poltan nuotiossa oljet.

Kun saisi omat syntinsäkin niin helposti kuitattua.

puhuvat puhumasta päästyään
sanovat sanottavansa
ja vaativat
että sen tulee olla tosi

minä menen tuuleen
huudan ja kuuntelen
miten ääni karkaa
leikkii hetken lintujen kanssa

eikä sitten enää ole

miehet puhuvat
ja naiset kuuntelevat

kaikki on ratkaistu

hyvä on
yksinkertainen
on hyvä

teillä ei ole taitoa
ei silmiä nähdä
ei korvia kuulla
ei suuta sanoa

ja kaikki on
miten on
turha pyristellä
jumalien ristillä

minä istuin kesäaamuna
rappusilla
katsoin puuta

sen vihreyttä
ja hiekkaa
jossa muurahaiset kantoivat kortensa kekoon

ajattelin lukea jotakin
tai mennä sisälle syömään

mutta aurinko paistoi
oli lämmintä
eikä ollut aikaa

samassa pihassa asui perkele
joka nukkui kellarissa
söi edellisen kesän perunoita ja haisi

joskus ihmisestä tulee koira

kun sitä lyö
sen silmät aukeavat
ja katsovat miksi

Minä olen niin itsessäni kiinni, en voi unohtaa sitä, vaikka kuinka yritän.

Antaisin sen vihdoin soljua, kuin hiekanjyvät sormieni välistä, pienestä keosta johonkin suurempaan.

minä kirjoitan mitä minä lystään
tummia tammoja
kirnuvia hirviä
eikä teillä ole mitään sanomista
mistä minun sanani tulevat

jos tulee sota
tapetaan ensiksi kanat
ja sitten vasta ihmiset
niin tulee vähemmän sotkua

minä istun suurena
kiinni maailmassa
vaikka maailmaa ei näy

asetan varpaani ristiin
ja kuuntelen
kuinka kaikkialla kohistaan

minä en saa koskea
eikä minua saa koskea

kaikki ihmiset ovat vuoria
lihoja minun tielläni
kunnes teot täyttyvät
on aika
jolloin puhe on lumetta

kauniit ajatukset taikauskoa

viimeistä edellinen kerta

ja se uskoo
joka pääsee sisälle

astun sinun nahkaasi paholainen
ja kutisen kaikkialta

voisin jo ruveta yöunelle

Oikea päättäväisyys

En saa mitään aikaiseksi, laiskottaa. Laitan pannun tulelle, odotan ystäviäni sammakoita.

Katson kuuta, vai aurinkoko se on? Ei sillä niin väliä.

kuinka aika pysähtyy
silloin
kun sitä ei ole

Muistelin sitä miestä, joka tuli kerran metsässä minua vastaan, selkä kumarassa kuin vanhalla männyllä.

Hän yritti puhua minulle jostakin, jolla piti olla merkitystä. Mutta marinaksi se meni taas. Ihmiset eivät osaa katsoa ympärilleen, he keskittyvät aivan liikaa itseensä, kipuihinsa.

Elämä on kärsimystä, sitä varten meillä on tuntoaisti.

kätesi
kääntyy

kunnes olkapääsi irtoaa kupistaan
kaataa sen täyteen verta

"Elämä on kärsimystä", sanoi Buddha, ja hän
sentään ei tiennyt aidosta, jatkuvasta kidutuksesta
mitään!

me kuljemme niin valmiita polkuja
pelkäämme eksymistä
pimeässä koko ajan

Pieni virtanen kulkee kallioiden välissä, majani
takan olevassa metsässä. Se rauhoittuu hetkeksi
laaksossa. Siellä asuvat ystäväni sammakot, joiden
silmät tuijottavat minua, kun haen pannuuni
vettä.

Ne nousevat uudelleen esiin, kun keitän teetäni
varten vettä. Tuijottavat kuin tyhmää ja niinhän
minä olenkin.

Vanha hölmö! Ja sammakkojen raakkuva nauru
sisälläni, alhaalla laaksossa.

tämä on tottumuksen tapa
antaa tehdä vain se
mikä
on sallittu

Olin suuri herra kerran, kaupungissa. Minua varten oli määrätty kuljettaja ja kaksi härkää.

Härät kulkivat edelläni, näyttivät minulle takapuoltaan. Ja niiden lemu peitti kaiken, mistä olisin voinut nauttia.

istuin kärryssä,
puoliunessa

aloin nähdä näkyjä
saavutin rajan
jolta ei ole paluuta

Sitten minut siirrettiin tänne, tähän tilaan. Ensin ajattelin katkeroitua.

eikä meitä tarvittu enää

Mutta onneksi älysin, mistä elämässä on kysymys ja lopetin haihattelun.

satamassa
pysähtyneiden laivojen välissä

siinä missä tuulen on lupa seisahtaa

sinun pitää muuttua

viimeisen kerran minä sanon

teidän tienne ei sovi minulle
minulla on omat polkuni

meidän välillämme on muuri
jota ei näy

kylmä tila
jonka läpi kädet eivät kulje

silitys
joka jää pois
ja ele

ei saa olla yksin
se jää kotiinsa
kulkee pitkin matkareittejä
ja kattaa pääsymaksut tuolilla

helvetti
ulkona on kylmä
ja pää ei toimi

keitän hernekeiton ja syön sen
vastustan

Otan siveltimen, hieron hieman mustetta ja alan piirtää. Viivoista tulee kuvia, kuvista lauseita, lauseista sanoja.

En ymmärrä enää tätä.

pelkää
pelkää minua
minä olen sinun jumalasi
vahva ja hirmuinen

voi teitä
jotka etsitte rakkautta
tässä maailmassa

joka on kätteni tekoja

voi teitä
joka etsitte lohdutusta

helvetin kellot soivat
kauniisti korvissani

olen vienyt naiselta kaiken
ja sen sielu on kädessäni

kylmässä lumessa on jälkiä
niiden päällä riitettä
kaikkialla niin kosteaa
niin kylmää

on syksyn ensimmäisiä päiviä
se
jolloin talvi tulee kylään

asetan kääröt hyllyyn ja arvioin
mistä niistä voisin luopua

ja kun totean
että kaikista

ajattelen että olen vanha
loppuun kulunut
ja hyödytön

kaiken kannan mukanani
kaiken
kehdosta hautaan

minä en rakasta sinua
en silmiäsi
suuta
joka syö mansikoita torin penkillä
en kasvojasi
enkä tuulen hyväilemää tukkaasi

Vuodenajat vaihtuvat, vai vaihdunko minä?
Eilen lakaisin lunta ja tänään se jo sulaa tuossa,
portaitteni vieressä.

minä yritin
asetin itseni alttiiksi
kävelin tulen yli
ja poltin jalkani

helvetti
että niihin koski

kuikkaemo uittaa poikiaan
painaa niiden päät pinnan alle

minä istun tämän kiven

jos sinä osaat asettaa varpaasi kahteen ristiin
olet itse välissä

kesä meni
kuuma ja pilvetön
minä istuin sisällä ja ajattelin
turhaan
vastaan sanottua ei saa sanomattomaksi

vallan vaihto
istun portailla ja katson ulos

koivut kellertävät
ja niiden lehdet putoavat kasoihin
joissa lasten on hyvä kävellä

Eukko kertoi minulle ennustuksensa, kun olin käymässä siinä kaupungissa virkatehtävissä.

Oli ilta ja minulla joutavaa aikaa. Niin kuin aika olisi joutavaa, harhaa sen on.

Eukon mukaan eläisin pitkään ja kärsisin siitä. En uskonut häntä, tiesin sen jo.

kun laulu alkaa valua
kuin hunaja ylikypsästä pesästä
on vain kuunneltava
nautittava yltäkylläisyydestä
ja unohdettava aika seitsemän vuoden päästä

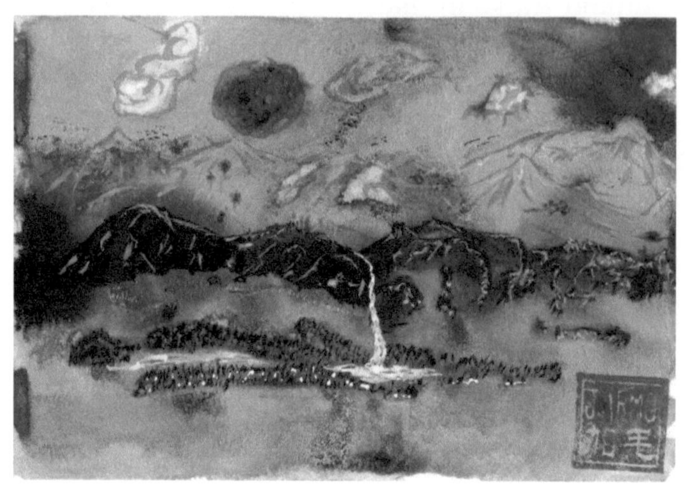

HYVEELLISYYS

Saavuttaa hyve on: kuin söisi kylmää puuroa
koko elämänsä ajan.

sinä kuvittelet vielä
ettei tällä ole loppua

että tämän hetken nimi
on nyt ja aina

pelkään
että sinua on johdettu harhaan

ja vaikka kuinka väität
tietämättömyyttäsi
se ei sinua pelasta

perkeleen karva on punainen

se ei tiedä milloin se vuotaa verta,
milloin on vuotamatta

minä otan sulan,
sivelen sillä sen ihoa,

jos jää jälki,
olemme sopineet;
jos ei,
odottaa minua viiden vuoden piina.

kuka enää kuuntelee jumalia,
kysyy niiltä niiden neuvoa?

Saavuttaa hyve on: kuin kieltäsi itsensä, sen mitä
oikeasti haluaa - kuin eläin.

minä olen katsonut peilistä kiiltäviä silmiä
laskenut muistista numeroita
katsonut miten rauta taipuu kahdelle lenkille
istunut kivellä
ja onkinut kaloja

mutta koskaan en ole nähnyt liekkiä
joka puhdistaisi ilman

aukaisin kaapin oven
ja siellä oli enkeli

se loisti kirkkaana
ja oli niin hento
niin pieni

koko pitkän päivän minä olen kävellyt
ja katsonut ihmisiä
miten ne kuluttavat aikaa

toisilla on rahaa
ja toisilla ei

toiset on vallassa kiinni
ja toiset ei

ei rahaa voi pestä

vastuutonta koko elämä
jos saa tehdä mitä haluaa
niin pitää myös olla jotain
jota haluta

vielä minä muistan senkin,
miten ulkona oli kylmä,
tuuli ja satoi lunta

minä istuin nurkassa,
poltin talon paloja ja
katselin miten tuli paleli

metsässä ei ollut ketään
ilma oli karkea ja kuulas

yhtä aikaa

vuorella on peikko
se pitää miehistä
ja odottaa iltaa

illalla on pimeää,
pienet neidot liikkuvat
ja niitä voi syödä

mikään ei ole enää oikein
minä voin istua
ja ajatella
vain se on merkittävää

se on nyt loppu
minä istuu

tyhjä pää
kädet
ja ruumis
jossain

rahat menee taskusta toiseen

Oikea puhe

Kerran näin naisen, jonka suusta tuli jotakin, jossa ei ollut mitään mieltä. Sitä jatkui vuosia.

Kun häneltä kysyttiin, mitä hän tarkoittaa kaikella sillä, jota hän puhuu, hän vihdoin vaikeni – ainakin hetkeksi.

Hän oli ymmällään, ei ymmärtänyt kysymyksen tarkoitusta.

sinä kerroit jonkin nimistäsi

Siitä on jo niin pitkä aika, on vaikeaa muistaa. Hajut, jotka sekoittuvat tuoksuihin ja näyt, jotka alkavat mennä limittäin.

Muisti on kerroksia, jotka eivät pysy paikoillaan. Te kuvittelette, että ymmärrätte mitä aika on.

joskus lumi maistui kylmältä
märältä
ja poltti kitalakea

juoksin puuta päin
hangen keskellä

oksa tunkeutui nenääni
ja punainen veri väritti valkean maan
niistin räkää ja puuta

Sisälläni on joku, joka repii minua rikki. Huutaa
päästä ulos, mutta ei jätä minua, vaikka haluaisin.
Olen osa tuskaani.

tämä valkoinen kivi
on liian sileä
en saa siitä otetta
mutta yritän

käteni repeävät
ja jalkani menevät vereslihalle
joka kerta kun putoan

vain pieni matka

Liun kaupungissa oli satamassa punaisten verhojen talo. Kävin siellä joskus. En haluaisi muistaa sitä, mutta on niin vaikeaa unohtaa sitä, mitä on tehnyt.

kuka on tuo vanha portto
jonka kasvoille on vedetty kuminen ilme

venynyt nahka
joka on saattanut irstaan suun
kireäksi

kuin katkeran juoman jäljiltä

kuunnelkaa
kuinka se kehuu
olleensa kuninkaan hyvä ystävä

miehen
joka sanoi
ettei häntä petetä luulemalla
että hän on pienen mökin poika

ei luulemalla
ei
vain tietämällä

Satamassa odottavat lähtemättömät laivat.
Lahoavat paikoilleen, uppoavat veteen, joka
kuivuu pikku hiljaa niiden alta.

ne ostavat minun aikaani
alihintaan

ja kuluttavat omaani
ylihintaan

missä on se vapaus

joka on tuulella
tunnelissa

missä se väri
jonka näin kerran

kaikki on mennyt
vuorella on ikävä toista
ja minä asetan pelin hyllyyn

vastoin kaikkea luuloa
minä olin vapaa

varmasti
minä sanon tämän

ei ole niin pitkää aikaa
ettei ikävystyisi

ei niin lyhyttä hetkeä
etteikö sitä voisi unohtaa

kaiken tämän muistan
istuessani tummalla kivellä
syvässä metsässä

vastaan sinulle

kaikki on niin yksinkertaista

sinä menet illalla nukkumaan
heräät
syöt ja teet
mitä sinun tulee tehdä

illalla istut
rauhoitut
ja käyt maate

vastasin
ja kysyttiin

minä heittelen näitä sanoja kuin kiviä

joskus tulee leipiä
joskus kivi vain molskahtaa veteen

ja uppoaa samalla

sana
kuin tuuleen
häviää

minä asetan kivelle nimen
kutsun sen luokseni
ja annan kättä

kuljemme vähän matkaa yhdessä
ojassa on sammakon poikia

joiden jalat ovat vielä pyrstöä pienemmät

ja rannassa näkyy kaislikko
sen seassa linnut
ja auringosta kiiltävät aallot

Aasi seisoi tiellä. Ihmiset kulkivat siitä ohi, kiirehtien oikein.

entä jos
kaikki mikä on meillä
on käsissämme

ja unelmamme vain sanoja ja tarinoita
joita ei tulekaan toteuttaa
vain kertoa toisillemme
pimeässä
tulen hehkuessa

unelmat kuvia
leipä ja maa totta

maailma on raha
kaiken saa alleen
kun osaa laskea

opin itseni
kasvoni ja kätteni värinän
kuinka tuuli huuhtoo iholta hiukkaset
ja vie ne kauemmaksi
pois minusta

varaudu siihen
etten katso enää kasvojasi
poltan ne luuhun asti

Oikea toiminta

Minua laiskottaa. Aurinko paistaa kirkkaalta taivaalta. Nostaa selkään hien, joka valuu alaspäin, kastelee kaapuni ja housuni.

En jaksa vaihtaa niitä. Odotan tuulta, joka kuivaisi kaiken. Vaihtaisi lehden kirjastani.

sinun lämpösi
minua vasten

jaksan taas eteenpäin

Käännän kylkeä, muistelen entistä esimiestäni. Hänellä oli tapana pyytää minua väärentämään asiakirjoja puolestaan.

Kun jäin kiinni, hän sanoi:

- Syyllisyys on tekijän, ei valvojan ominaisuus.

Minä en uskonut silloin vielä ihmisten pahuuteen. Kuvittelin, nuori mies, että ihmiset ovat hyviä, epäitsekkäitä.

Kuinka väärässä olinkaan!

toki meille on annettu opetus

kansa maksaa tyhmien laskut
ja syylliset ovat syyttömiä

En jaksa keittää edes teetä. Mieleni täyttää musta alakuloisuus, otan itseäni kiinni kädestä ja sanon:

- Vain houkka uskoo ihmiseen. Ihmiseen uskominen on kuin uskoisi jumalaan ja ikuiseen elämään. Siihen, että saa lopuksi kaikki syntinsä anteeksi ja voi unohtaa pahat tekonsa.

Buddha sanoi:

- Elämä on kärsimystä!

Yhtä helvettiä se on - mitä sekin elämästä tiesi, poispilattu prinssi!

helvetti
miten mustaa vettä

Odotin niin kauan, enkä saanut sitten kuitenkaan mitään.

Houkka luulee, että joku tulee – kaikki on.

minä laskin joen

Minä istuin tuulessa, annoin sen kuivata jalkojeni välin. Oli kuuma kesä, hiki virtasi kaikkialta.

teen työtä
että pääni olisi rauhassa tässä maailmassa
asettuisi vuoteelle joka ilta

kävisi nukkumaan
ja heräisi
kaiken sen taakseen jättäneenä
joka joutikin mennä

Olen houkka, kuvittelen suuria.

miksi siinä on vakava puute
jos ajattelee olevansa maailman ainoa ihminen
joka osaa lentää tuulessa

Saattaa olla, että joskus olen ajatellut tekeväni suuria.

Sitten katsoin aurinkoa ja tähtiä ja oli lopun aikaani aivan hiljaa.

vanhenevan miehen ongelma
pitäisi rakentaa maailma
vaikka se on jo olemassa

Lapsena kaikki on niin paljon helpompaa. Ei ole vielä kokemusta siitä, mitä on tulossa ja mikä nyt on jo mennyttä, mutta johon vielä kiinnittyy.

käännä pääsi
äitisi rintoja vasten
silmäsi eivät kestä vielä tätä maailmaa

neulasia sammalella

Siinä talossa asui kaksi naista. He molemmat pitivät vaatteiden ompelemisesta. Eikä heidän elämäänsä muuta mahtunutkaan.

nämä päivät ovat olemattomia
minä niiden siivellä

kun katson ulos,
näen lehtiä
joiden värit ovat toiset
kuin vähän aikaa sitten

minä en ole enää minä
olen vieressä,
katson toisaalle
haluan itsekin ulos

Sitten minä aloin syömään sirkkoja. Paahdoin niitä pannulla ja lisäsin joukkoon rasvaa.

Ne olivat suolaisia, rapeita. Keräsin niitä keoksi lautaselleni, istuin kivelläni, katsoin kaukaisuuteen ja söin ne. Yksi kerrallaan.

olenko minä päässyt haaveilusta eroon
ajattelin eilen tai oliko se toissa päivänä,
että tässä ja nyt on oikein

ihmisen elämä asettuu hetkessä,
ajatukset ja ajattelu
menevät
niin helposti haaveilun puolelle

jos sinulla on leipää ja lämmin,
jaksat huomiseen ja se riittää

Älä ajattele, mitä muut ajattelevat. Se on mahdotonta.

Yritä sen sijaan ymmärtää, mitä sinulla on mielessäsi. Ja sitten tyhjennä se kaikesta.

joku pelkää sitä
että maailma on sana

joku sitä
että se tulee lihaksi

joku sitä
että liha mätänee

joku ei enää kuule
mitä sille sanotaan

ja joku on jo kuollut
maatunut maaksi aikoja sitten

minä laitoin lohikäärmeen pöydälle
kerroin sille sen tehtävät
ja katseen
jolla sen oli ajettava
pahat henget pois

se tuhahti
sytytti kulmakarvani palamaan
ja oli katuvan näköinen

minä ajattelin,
että sinä olisit tullut aikaisemmin,
istunut viereeni ja puhunut jotakin

olisin kuunnellut sitä
ja rauhoittunut

nyt on kylmä,
minulla on sukat jaloissa

istun hangessa,
olen lutunen
ja sinerryn

vastaan tuli nuori nainen
jonka housujen lahkeet olivat revenneet

minä asetin itseni tämän maan aikaan

pois pois tämän maan maailman ajatuksista
sellaiseen
jossa ei ole rajoja

kaikki on lopussa
minä en jaksa enää
näitä samoja polkuja
tätä kauheutta
joka kasvaa tyhmyydestä

minulla sanoillani ei ole enää merkitystä

Saavutin rannan. Asetin sauvan veneen sisään ja
nousin siitä.
Kuuntelin aaltoja, jotka rantautuivat mukanani.
Minä en halua yrittää yhtään mitään.

kaiken sen tuskan
yritin valuttaa maahan
makasin ja huusin
kiemurtelin yön yli
ja selvisin

kuolleena
mutta selvisin kuitenkin

elämä tappaa meidät vähän kerrallaan
ja aina me valehtelemme itsellemme
että lopulta selviämme

maailma muuttuu
eikä se kysy meiltä tietä
se menee menojaan
juoksemme mukana tai emme

ja tien viereen kaatuu niin moni
hengästynyt
tai muuten vaan laiskistunut

helvetin pimeää
suoraselkäiset rammat tulevat
ja polkevat alleen kaiken sen
minkä aurinko on kasvattanut

minä puhun kuin vanha munkki
porsaasta ja apinasta
ja suklaamunasta

kaiken jälkeen oli mentävä ulos
huudettava
ja sanottava tähdille

pysykää paikoillanne
minä haluan olla tässä

sinä olit vastassa
enkä minä osannut enää katsoa silmiisi

menin ohitse toiselta puolelta
jätin sen
mikä joskus oli yhteistä

sitten,
kun ihmiskunta vihdoin
voitti kuoleman,
alkoivat ihmiset kaivata sitä

väsymys on liike
joka kattaa olotilan laidat

jos asetut selällesi
et näe eteesi

jos sinulla on valta
ja rahoilla sinun kuvasi
numeroiden nimet

voit puhua
niin kuin asiat olisivat satuja
eivät koskettaisi ketään

kuuntele lasta
jolla on nälkä

rahalla voi ostaa ruokaa

valta asuu pimeässä talossa
sen on aina nälkä
ja kun se syö
eivät lautaset kanna kaikkea
minkä se ahmii

vallan huone ei ole kylmä
ei pimeä
se on viihtyisä
salakavala
ja onnellinen

niin kuin vain sillä voi olla
joka unohtaa
ja muistaa kuitenkin

minä keitin riisiä
kaadoin sen lautaselle
ja söin

istuin jakkaralla
katsoin ulos lumisten puiden väliin

oli talven hiljaista
kun söin kaikessa rauhassa

varo sanojasi keisari
ne kiertävät sinut
kuin peili

saatanan torakantappaja
ota kätesi pois

että tämän tekivät ne
joiden vanhemmille tehtiin sama
vain ihmisikä sitten

tuli kylmä
piti kaivaa viime talviset vaatteet
ja alkaa taas hytistä

silmissään lasinen ilme
jonkun siihen jättämä

minä en pitänyt väkivallasta
mutta näin miten vahvimmat voittivat aina
niillä on siihen oikeus

minä olen nähnyt kaiken
ei ole asiaa
mitä ihminen ei tekisi
ei ajatusta
mitä ei ajattelisi

minä rakensin taloani uudestaan
sotilaat olivat polttaneet sen jälleen kerran
sodassa tapetaan
ja hävitetään

ei sillä luoda mitään
pellonkääntäjät
hävittäjät

minä inhoan tätä maata
sen talvea
ja kylmyyttä

alan laittaa ruokaa
vaikka ei ole nälkä

ihmiset asuvat takeissaan
ottavat ne harvoin päältään
ja sitten kun ne seisovat alasti
on niiden ilme hätääntynyt
kuin kadulle yksin heitetyllä koiralla

Oikea elinkeino

Jonkin aikaa olin töissä kauppaliikkeessä. Minun tehtäväni oli asetella tavaroita hyllylle ja katsoa, että ne kävivät kaupaksi.

Siellä minä opin valehtelemaan, antamaan ihmisille toivon ja näyn jostakin, mitä ei ole eikä tule.

ihmisten ahneus on valtava voima
sitä käyttää hyväkseen jokainen kauppamies

se on sokeutta kultaisen vasikan edessä

näkemättömyyttä
tavaralle kumarrettaessa

Ajatus siitä, että maailma pelastuu kuluttamalla sitä entistä enemmän, on yhtä kiero kuin ajatus ikuisesta   elämästä. Houkkien toivo – tai toive - on siinä, ettei kuolemaa ole.

He sulkevat silmänsä ja kääntävät päänsä taaksepäin. Näkevät vain nuoruuden ja syntymän.

madot
jotka syövät tiensä pehmenevän lihan läpi
tekevät polun
jolla sielun on hyvä kävellä
kohti ikuista elämäänsä

Tänään ajatukseni ovat taas helteen uuvuttamat. Menen laaksoon hakemaan vettä ja katselen sammakoita, niiden silmiä tyynen vedenpinnan tasossa.

Ne katsovat minua takaisin, näkemättä, tuntematta.

sitten laitoin siihen teenlehdet

ensimmäinen kupillinen
juotettiin aina pannulle takaisin

Elämä kaupungeissa ei kiinnostanut minua. Halusin sieltä pois ja kun minut lopulta niistä ajettiin lopullisesti maanpakoon, olin onnellinen.

Vaikka toisin väitetäänkin.

pankit ostavat toisensa
maksavat rahasta käteisellä

minä en tiedä
mikä nimi on annettava sille
joka vastaa valheeseen valheella

josko se sittenkin puhuisi totta

maailman hirveys
varmistui lopullisesti

Yritin taistella sitä vastaan, etten kyynistyisi. Se oli toivotonta. Kaiken minkä näin kasvojeni edessä, tunsin mätänevän silmissäni.

Olin täynnä saastaa ja minä saastassa mukana.

ja juoppo kuningas raakkuu televisiossa
muiden saarnaajien keskellä

puhuu ainoasta asiasta
joka on koko kansakunnalle yhteistä

siitä että omistava luokka omistaa
ihmisten elämän, maailman
ja unelman vapaudesta

ja nämä laiskat
jotka raatavat yötä päivää
ovat ansainneet köyhyytensä
tyhmyytensä vuoksi

Ensin menettää sielunsa ja sitten ruumiinsa. Mitään ei jää jäljelle pelissä, jossa ostetaan ja myydään. Niin se on, on ollut ja on aina oleva.

minä olen maksanut hinnan
joka ainoan pennin
ja katkerasti
myynyt nahkaani
teidän turhuuksille
ja nyt se on loppu
minä ei enää tanssi
se laulaa

kauppa tekee kaikkensa
ostaa ja myy
kukaan ei katso rahan perään
eikä raha kenenkään
miten isoja kasoja pikkupojat haluavat
etteivät uppoaisi niihin

tavara menee tavaran luo
antaa sille kättä

ja sanoo
tehdään lapsia

tavara kasaa uutta tavaraa
ja tuottaa tavaraa

on hyvä
että on paljon tavaraa
ettei tule ikävä

te ostatte toisessa rahassa
ja myytte toisessa
minä etsin jauhoja leipääni

teillä on valta merkitä asiat,
kertoa niille niiden nimet

minä en jaksa nälältäni edes puhua

meillä ei ole muuta yhteistä
kuin kuolema
ja sen jälkeensä jättämä tyhjyys,

jossa minä jo vaellan

Joskus kyllästyy kaikkeen, mikä on. Silloin on
vain muututtava. Jätettävä entinen kuorensa.

varatuomari otti nimensä puusta
sanoi kaikille suureen ääneen
ettei aio enää ottaa vastaan tulevia
jättää kesken ne työt
jotka eivät valmistu
muitten antaa olla

jos joskus tulisi kotiin
niin voisi istua
ja katsoa
miten seinät liikkuvat

pois täältä ne miehet
jotka syövät lapsilta lasten leivät
naisilta naisten kunnian
ja vanhuksilta kodin

pois ne miehet
joilla on vain oma mieli
oma pää
ja omat taskut

ei kuuta
ei maata
ei aurinkoa

ei jälkeäkään muusta

vain isot jalat
ja tyhjät kädet

sinä olet vieras mies

kovin monen sivun jälkeen
panet minut syrjään
kuin luetun kirjan

viatonten kärsimys
kuolleitten elämä

syyllisten puhtaus
elävien kuolema

ihmiset eivät muista
tuskaa
vaan näkevät
unen

kuollut liha
mätänevä
elävä
kiireesti kihisevä
tai kuiva
kuivuuttaan nahistuva
istuva ja ääntelevä

kuin yö
tai päivä

pelkkä liha

ei pidä kertoa kaikkea
etteivät tyhmät asetu sinun sijaasi
ja ala puhua kuin älyttömät viisaita

niin kauan kuin annat isän
tai äidin
sanoa mitä pitää tehdä

toisessa poskessa sillä oli niin iso arpi
että siitä mahtui kalanpää sisälle

joskus se käveli kylällä
sillinruoto poskessa
ja huuteli mummoille

että menkää ja peskää pelinne
kun täällä niin haisee

lapset heitteli sitä kivellä
ja se juoksi niitä pakoon

kerran sen silmään osu
ja se puhkesi
ja sen jälkeen siitä tuli niin arka
ettei se tullut mökistään enää ulos

minun sydämeni on rikki
olen vanha ja väsynyt
minulla ei ole enää mitään uutta
kaikki tehtyä
vanhaa ja tuttua

hyvin pitkä matka
minä kävelin reunaa pitkin
aita oli rikki
ja sinä ylitit sen

minä ajattelin niitä ihmisiä
jotka ovat rakentaneet linnan rauniot

mitä ne ovat ajatelleet silloin
kun on ollut syksy
ja pimeää

ja ne puhuvat
kuin pienet lapset
ettei niitä saa holhota
vaan niille pitää antaa vapaus käyttäytyä
niin kuin ne haluavat

HENKINEN KEHITYS

Sinun ajatuksesi eivät ole sinun ajatuksiasi. Puhe on opittua ja sen mukana kaikki, mitä käsität. Unohda se, jos voit ja aukaise ovi, jonka joku sinulta sulki.

tämä on
se hetki aamusta
jolloin voit keskustella jumalten kanssa

mieti
kuinka käytät sen hyväksesi

Katso nyt tuotakin auringonlaskua, näetkö siinä pelkkiä sanoja vai auringon, joka laskee.
Housuunsa vai yhteen?

mullan alla
on paljon matoja

vastenmielisyys katseessa
ja sanat
aivan toista puhetta

Sairastuin joskus, en oikein muista. Oliko minulla kuumetta vai jotakin vakavampaa? Siitä on jo niin kauan.

voi pientä varpua,
miten tuuli sinua riepottaa

siitä kun kääntyi vasemmalle,
niin tuli pihaan
ja saattoi katsella kiikkua
ja sitä laudoista tehtyä pöytää,
jonka päällä juotiin aina pyhänä kahvit

ja puita,
jotka kukkivat joka kesä valkoisena,
niin kuin melkein kaikki puut kukkivat valkoisena

ja ruohoa,
vihreää ja tuuheaa,
johon polut olivat kuluneet uriksi ovelta toiselle
ja kuluneelle halkopölkylle

katsotaanko?

katsotaan,
käännetään kansi auki
ja laitetaan kädet syvälle limaan

nostetaan se esiin,
käännellään
ja väännellään

laitetaan se sisällemme,
muistoksi
ja pysyväksi paikaksi

Oikea ponnistus

Eräs mies meni joka aamu metsään. Kaatoi siellä puita ja kantoi ne kotiinsa. Joka päivä, pino kasvoi pihassa.

Kohta hän ei nähnyt kotiaan sen takana eikä metsää puiltaan.

melkoinen matka
tämä elämä

ei minulta kysytty
haluanko lähteä sille

ja nyt tuntuu
kuin en haluaisi siltä poiskaan

Pyhä mies, jonka tapasin kerran, katsoi minua vain yhden kerran.

Alan olla iäkäs. Haluan kuolla ja elää – ja vielä yhtaikaa! Samaa päättämättömyyttä tämä on ollut koko ajan. Kyllästyn itseeni, toivoton tapaus.

ei ole reilua
että minun ikuisuuteni otetaan pois
ja jäljelle jätetään tunne lopusta
joka tulee aivan liian nopeasti

Miten minä muistan lapsuuteni? Aivan kuin olisin ollut joku muu; tai aivan kuin tapahtumat, jotka tapahtuivat silloin, olisi jonkun toisen kokemia. Ja kuitenkin kaikki ne kuvat, kokemukset ja näyt, kuin eilen koettuina mielessäni!

Minä palaan sinne kuin taivaaseen rukouksieni jälkeen. Siellä on rauha, jonka olen luullut kadottaneeni iäksi ja kuitenkin se on ollut sisälläni koko ajan. Mikä sokeus silmissäni, en ole uskaltanut katsoa enää aikoihin sisälleni ...

kaipaan lapsuuteni kesää
jossa aika oli pysähtynyt

niille rannoille
joissa kävin uimassa

niille kentille
joissa juoksin pallon perässä

niihin puihin
joihin kiipesin

niihin rakennuksiin
joissa kävin vain kerran elämässäni

siihen hiekkaan
johon upotin jalkani

Palaan takaisin tähän hetkeen. Olen kyllästynyt siihen, siinä on liikaa hälyä, joka estää minua näkemästä.

tulee yö
pimentää maailman
siirtää minut olemisen keskelle
olevaisen

eikä ole hetkeä
joka on ikuisuus

Yrtin   muuttaa maailmaan, kääntää sen suuntaa taaksepäin. Vai oliko se eteenpäin? En muista enää.

Vipu heitti minut tänne, tämän metsikön keskelle. Enkä koskaan ole ollutkaan muualla.

Vanha nainen kertoi pelkäävänsä kuolemaa. Minä kerroin sen jo tapahtuneen.

Meidän ruumiimme on meille vieras. Se elää omaa elämäänsä.

Muuttuu ilman lupaamme. Joksikin, jota emme enää tunnista omaksemme.

lammen pinnassa heijastuvat kasvot

Kerran, autiomaassa, aloin kasata kiviä kasaksi. Merkiksi seuraavalle karavaanille, jonka oli määrä tulla seuraavassa kuussa.

Vasta vuosien päästä tajusin, kuinka hiekka liikkuu ja peittää meistä jääneet merkit.

etsin kivikasoista elämää
joka murskattiin katuvien seinien alle
huivipäistä naista
ja lasta
joka pudotti nukkensa

sitä ei tapahtunut
lihavan miehen mielessä

se oli sotaa
tuholaisia vastaan
hyönteisiä
jotka oli hävitettävä maan päältä
jumalan kunniaksi

ja vanhan miehen
joka istui rullatuolissaan
he ampuivat
ja hautasivat sotavaunujensa
pyörien alle

mitä sinä etsit
pieni mies
maassa

värisevät lehdet
puuttomat metsät
kaikki se tuska
joka on tässä maassa
kerran kukkineessa

voikukkia ja lumpeita
teiden varret tulvillaan

minä menin koiran kanssa metsään

istuimme korkealle kivelle
puhuimme siinä niitä näitä

katsoimme aurinkoa
ja kuuntelimme tuulta

aika oli jossakin muualla
hetki siinä

sarja murhia
täällä asuu vain vanhoja ihmisiä
niiden jäykistyneitä ruumiita

minä otan tämän askelen
koska uskon siihen

varmaan sinä olit jo puhunut siitä
mutta minä unohdin

meidän piti tehdä
se yhdessä
mutta minä ennätin ensin

rannan tuuli
ja ruohot tuulessa

minä istun tuolilla
ja katselen valoa veden pinnalla

Minä istun taas tässä vaunussa. Ohjaan härkiä
eteenpäin. Lyön niitä sauvallani.
Ne eivät usko, kulkevat minne sattuu.
Siitä huolimatta pääsemme aina perille.

ajetaan pitkää tietä
joku tulee vastaan
ja kadottaa samalla itsensä

me emme näe sitä
enää koskaan

en toista tätä

halkaise päärynä
avaa
kuori siemenet
ja syö

kuinka sinä väriset
liha minun lihassani
hikeä valuen

joku heittää pallon renkaan läpi
ja häviää

kun maalasin vanhaa taloa
tein sille uuden kuoren

Oikea tarkkaavaisuus

Keskitä se, mitä kutsut mieleksesi pisteeseen, jota ei ole. Anna sen laajeta läpi ajatustesi, niin että ne jäävät se alle. Unohtuneena alat nähdä, kuten sinun on tarkoitettu.

vasemmalle
ja siitä ulos

siinä on kivi

asetu sille
laita jalkasi lätäkköön
tunnustele sammalta
ja ruohoa sen päällä

hitaasti

laske jalkasi

tumman mullan sekaan

anna varpaasi olla osa vettä

Lapset uskaltavat, mitä sinä et enää uskalla. Sinä olet oppinut olemaan uskaltamatta. Siksi sinä et voi enää saavuttaa mitään. Käännä takkisi ja kulje rotilla houkkien seassa. Kysy heiltä tietä taivaaseen ja katso selkäsi taakse: kuinka he nauravatkaan!

menen järveen
vesi on vielä keskellä kesää kylmää
kuin avannossa kävisi

Kävelet ja kävelet, luulet tulevasi perille. Mitä sinä pakenet?

miten maailma muuttuu muistoiksi
paikoiksi
joita ei enää ole

mutta jonne voin mennä
sulkemalla silmäni

ja miten ne eroavat
niistä paikoista

jotka on keksitty
ja jonne kuljetaan tarinoissa
ja joihin olen niin useasti mennyt

ja mitä ovat ne paikat
jotka ovat
tarinoitta

Tapasin kerran nuoren tytön, joka oli jäänyt rannan kivelle itkemään. Ajattelin lohduttaa häntä, mutta mitä olisin kertonut, etten olisi valehdellut?

kerroit että olit niin yksin
että sinun piti alkaa olla joku muu kuin olet

siitä alkoi kivettyminen
muuttuminen muuksi

Elämä on ihmiselle aivan liian raskas taakka kantaa. Eikä sitä raski jättää poiskaan.

en jaksa
silmät
niin raskaat
suljetut

Jotenkin minun on herätettävä sinut, muuten ajattelet samalla tavoin kuin sinut on opetettu ajattelemaan. Koko lopun ikäsi.

samalla tavoin

kuin koiraemo
repii syntyneiden lastensa
päältä kelmut

minä avaan sinut elämälle

Sairaana, tulee nähtyä ja puhuttua kaikenlaista. Nytkin täällä haisee kaasulta.

kuumeessa
vetenä lakanoiden välissä

tällä kertaa
minä puhuttelin kuolemaa

Se ei vastannut. Odotti vain   kärsivällisesti.   Ei
sillä ollut mitään asiaa.

minne asti sinä tulit?

minä olin rannalla,
odotin yksin

silloin ei ollut aikaa

minä katsoin keittiön ikkunasta metsään
ja näin joskus linnun
joskus oravan

kesällä omenapuut kukkivat
ja syksyllä niissä oli omenia
talvella puitten oksat olivat mustia
keväällä oli ruskeaa
ennen kuin kaikki alkoi kasvaa vihreäksi

kukaan ei katso taivaalta
niin kuin kuu meren yllä

hiiri jakaa peltoon hampaita
niistä nousee armeija
alas hakattava

eikä kultainen talja lämmitä
vanhaa kitupiikkiä

istuin ammeessa kivi sylissäni
ja annoin veden valua päälleni

odotin
etten hengittäisi enää

mitä sylki suuhun tuo
eikä maailma lopu

se vain jatkuu
venyy ja paukkuu

Tästä saa jatkaa, kuka jaksaa.

helvetin väsynyt

ihmiset kehittävät pieniä kieliään
joita puhuvat

merkitykset on jätetty unholaan
pinta on se
mikä meitä kiinnosta

ei syvyys
kirkkaus

varmuutta ei saavuta se,
joka katsoo,
vaan se,
joka näkee

tähän on niin outoa kirjoittaa

sanat tulevat hitaammin tai nopeammin,
lainkaan välittämättä,
miten ne haluat

kalliolla on valkoinen läikkä läikän vieressä

minä istun
ja luen mustasta orkideasta

varmasti olen siellä

Oikea keskittyminen

Sulje portti. Avaa se. Sulje portti. Avaa se. Avaa portti. Sulje se. Kumpi on kiinni?

eikä jäljelle jäänyt
kuin tarinoita

Portin ohitse on helpompi kulkea, kun se on kiinni.

on taas kesä
enkä minä osaa asua enää ikuisuudessa

muistan liikaa

ja näen jo sarjan
joka ei ole loppumaton

Suljettu portti ei halua olla avoin. Avoin portti haluaa kiinnittyä. Se on portin tahto.

meille on luvattu

se

minkä olemme menneet lupaamaan

kuka uskoo hullun haaveita
kylvää tuulta hiekkaan

Jos sinulla on avain porttiin, heitä se pois. Ja unohda paikka, jonne sen viskasit.

teitä varten on oma pöytä
sen sisällä toinen taivas
ja kuulle nimimerkki

Minä kävelin kerran niityllä, jossa oli kaksi lähdettä. Toisessa oli puhdasta vettä ja toisen vesi oli mutainen. Kuu näkyi siinä kirkkaampana.

etenevä polku
harmaassa savessa
kääntyilevät
pienet jalat

Alkaa olla ilta tai aamu on vasta alkanut. On
ollut niin pilvistä, etten tunnista enää mikä hetki
päivästä on.

Istun kuistilla ja haaveilen. Se on minun työtäni.

minä pistin kalikoita tulisijaan
katsoin
kuinka teevesi kiehui

kaadoin lämpimän veden lehtien ylle

ja täytti majani tuoksullaan

oi vapaus, kesän ihanuus
naisen ikävä oli rannaton
kuinen ilta

aamulla se ajatteli
miten miehen jäljet hävisivät lumeen
ja hajusta seurasi vain paha olo

varmasti
hitaasti mutta varmasti

askel astuu eteen ja kompastuu

kaiken aikaa istunut tällä kivellä
katsonut lintuja
ja ollut hiljaa

minä en rakasta sinua
sinun ääniäsi
katsettasi
ja puuta

minä en rakasta sinua
sinun tuoksuasi
asujesi kahinaa

minä en rakasta sinua
sinun lämpöäsi
ja kuoppaa sängyssä

aasi meni ovesta sisään
ja kysyi

mitä varten teillä on tuli pihalla

Nyt on aikaa olla hiljaa. Mutta päässäni kaikuvat kaikki äänet.

kaiken alla oli kivi
ja sen päällä kaikkeus

kilpikonna oli lähtenyt teelle

minä istui siinä
siirteli katseellaan esineitä paikasta toisiin
niiden huomaamatta

ajalle oli asetettu rajat

aivan yhtä varmasti
kuin ajalla on loppu
minä katselen vuoria
ja päätän niille laskeutuvan kasteen määrän

eihän tässä näin pitänyt käydä

kaikki,
minkä kuvittelit
kuvittelit toisten varaan,
et itsesi

kauniina kaarena jousi lentää
puhkaisee taivaan
ja asettuu maahan
pysyy siinä

kaikki oli niin kylmää
niin kirkasta
edes hengityksen huuru ei haitannut
koskaan ei ole ollut niin kylmä
kuin on nyt

suuret liekit
polttavat maita

ihmisillä ei kotia

varmuuden vuoksi panen oven säppiin
pyydän tontun paikalle
ja teen kirjallisen sopimuksen

se kantaa vedet
ja haroo pihan

minä ostan jyvät
ja syötän linnut

Lopussa.
Kaikki on lopussa.